THÈSE

POUR

LA LICENCE

THÈSE

POUR

LA LICENCE

SOUTENUE

Par Ange-Michel GAFFORJ

Né à CORTE (Corse).

BASTIA,
DE L'IMPRIMERIE DE C. FABIANI.
—
1854.

A mon Père, à ma Mère,

A MON ONCLE FRANÇOIS-XAVIER GAFFORJ, Chanoine,

Amour et Reconnaissance.

―――

A MES AMIS.

―――

JUS ROMANUM.

DE REI VINDICATIONE.

(DIG. LIB. IV. TIT. I.)

Rei vindicatio definiri potest actio in rem, quâ actor, quam dicit esse suam rem a reo possidente petit, ut sibi cum omni causâ restituatur; hæc actio specialis res tantum corporales complectitur.

Variæ variis temporibus fuerunt ad vindicandum agendi formæ: legis actionibus vigentibus, agebatur *sacramento;* at cum per legem Œbutiam et duas Julias sublatæ fuere istæ legis actiones, effectum est, ut per concepta verba, id est, per formulas litigarent : tunc ad rem vindicandam, loco sacramenti, duæ fuere formæ : *Sponsio* et *formula petitoria.* Breviter, tantum per formulam petitoriam agebatur, hoc modo : *Judex esto. Si parèt fundum capenatem, de quo agitur, ex jure Quiritium Agerii esse, neque is fundum Agerio restituetur, quanti ea res erit tantam pecuniam Negidium Agerio condemna, si non paret absolve.*

Quæ per rei vindicationem peti possunt.

Res tantum corporales quæ sunt in commercio per hanc actionem peti possunt: rei vindicatio locum habet in omnibus rebus mobilibus, tam animalibus quam his quæ animâ carent, et in his quæ solo continentur. Non solum singulæ res vindicabuntur, sed etiam gregem vindicare poteris', licet singula capita tua non sint, et res totas vel partes earum, necnon id quod ex tuâ re supererit. At liberæ personæ quæ sunt juris nostri non vindicantur, nec loca sacra vel religiosa, nec ea his locis adhærentia. Item quæcumque aliis juncta, sive adjecta, ea quandiù cohærent dominus vindicare non potest : sed ad exhibendum agere potest, ut separentur et tunc vindicentur : scilicet, excepto ferruminationis casu, quia ferruminatio per eamdem materiam facit confusionem ; at plumbatura non idem efficit. Si quis ex alienâ materiâ ædificat, is, qui materiæ dominus fuerat nec eam vindicare, nec ad exhibendum de eâ re agere, sed tantum agere per actionem de *tigno juncto* potest : si diruptum sit ædificium, tunc materiam vindicare poterit. Hæc de corporibus cohærentibus. At si corpora ista ex distantibus essent corporibus, constat singulas partes retinere suam propriam speciem, ita ut unusquisque dominus rem suam vindicare poterit.

Cui competit rei vindicatio.

Non solum rei vindicatio competit ei qui jure civili, sed etiam, ex Pauli sententiâ, ei qui jure gentium dominium acquisiit. Alteri quam domino hæc actio non datur, exceptis verò tutore vel curatore, procuratore vel patre peculium filii administrante. Dominus, momentis litis contestatæ et rei judicatæ, dominium habere debet ; parvi refert utrum revocabile sit, an non ; quod si quis pro parte sit dominus, ipsi competit suæ duntaxat partis vindicatio. Ususfructus, non dominii pars, sed servitus : Itaque, rectè vindicabimus fundum totum, etiam cum ususfructus alienus est. Item rectè dicimus rem totam nostram esse, quamvis in his ex quibus constat illa res, aliquid sit alieni, veluti si quis statuæ suæ brachium aut pedem alienum adjecerit.

Non datur vindicatio ei cujus pecuniâ rem alter sibi comparavit ; favore tamen militiæ, militi cujus pecuniâ res comparata est, *utilis* vindicatio datur.

Adversus quem hæc actio competit.

Hæc actio adversus duntaxat competit eum qui rem vindicatam possidet. Nec ad rem pertinebit ex quâ causâ possiderit, aut si brevi tempore usucapturus erit, sive alio retinerit nomine ; sufficit rem ab eo teneri, et restitui posse actori.

Cum is qui alieno nomine rem tenet, hâc actione convenitur, debet statim nominare eum, cujus nomine est in possessione. Præfinitur tunc tempus intra quod vero possessori denunciet adesse causæ ; si non adfuerit intra prædictum tempus, citatur, et si non adfuerit, mittetur actor in possessionem. Vidimus adversus possessorem hanc actionem dari.

Si litis contestatæ tempore non possidet, quo autem judicatur possidet, reus damnandus est. Et is qui ante litem contestatam dolo desiit rem possidere, tenetur in rem actione.

Is qui se obtulit rei defensioni sine causâ, cum non possideret nec dolo fecisset quominus possideret, si actor ignoret, non est absolvendus. Sed hoc post litem contestatam.

Possessoris heres, non quatenus est heres, sed quatenus ipse possidet, tenetur ; cum autem fundi possessor ante litem contestatam dolo malo fundum possidere desiit, actio in factum adversus illius heredes dari debebit, per quam restituere cogantur quanto locupletiores ex eâ re facti fuerunt.

De probatione vindicantis.

Valdè refert in hoc judicio quis possessor sit quis petitor, cum onus probandi solum petitorem spectet. Qui vindicare cœpit non aliter vincere potest nisi probet dominium sibi esse in rem a reo possessàm ; neque sufficit eum monstrasse rem possidentis non esse. Ut apparet, omnia in se assumit vindicans, et nil certò difficiliùs dominii comprobatione.

Itaque utile erit quod dat Gaius consilium : is qui destinavit rem petere, animadvertere debet an aliquo interdicto nancisci possit possessionem, quia longè commodius est ipsum possidere, et adversarium ad onera petitoris compellere, quam, alio possidente, petere.

Ante omnia, si quis in rem agat, debet designare rem, et utrum totam, an partem et quotam petat, nec solum genus sed etiam speciem; hoc Octavenus ita definit : quod infectæ quidem materiæ, *pondus;* signatæ verò, *numerum;* factæ autem speciem dici opportet; sed et mensura dicenda est, cum res mensurâ continebitur. Si vestimenta nostra petamus, numerum et colorem, si possibile, utile erit designare. Item fundum petituri, nomen ejus et quo loci sit dicere debebimus.

Alterum est quod observare petitor debet : requirere an is cum quo instituat actionem, possessor sit vel dolo desiit possidere. Si reus qui se possidere negaverit, de mendacio convincatur, possessio rei ad petitorem absque ullâ causæ disceptatione per judicem transfertur.

De officio judicis.

In antiquo jure, cum in rem ageretur per actionem sacramenti, post simulatam pugnam in quâ manuum consertione et vindicatione utebantur litigantes, sese vicissim sacramento provocabant. Postea prætor secundum alterum eorum *vindicias* dicebat, id est, interim aliquem possessorem constituebat, eumque jubebat *prædes* adversario dare *litis* et *vindiciarum*, id est rei et fructuum. Postea, judex partibus dabatur, qui justum vel injustum judicabat sacramentum.

Non ità sese res habuere, cum loco sacramenti exstitere sponsio et formula petitoria.

In his duabus agendi formis, qui non possidet est actor, qui possidet reus.

Si dubia est possessio, non sicuti in actione sacramenti a prætore quolibet voluerit litigantium datur, sed ante litem contestatam quærendum est uter ex litigantibus possideat, et uter petere debeat. Prætor igitur interdictum reddit quo alia lis incipit, id est *uti possidetis* si de fundo agatur, et *utrubi* si de re mobili. *Uti possidetis* interdicto is vincit qui interdicti tempore possidet; si modo nec vi, nec clam, nec precariò nactus est ab adversario possessionem, etiam si erga alium vi, clam aut precariò possideat. *Utrubi* verò interdicto is vincit qui majore parte hujus anni nec vi, nec clam, nec precariò ab adversario possidet.

Qui possessor constitutus est, rem sic per sponsionem vindicat: *Si homo de quo agitur ex jure Quiritium meus est, centum dare spondes?* Respondebat autem adversarius, *Spondeo*. Judex sponsionem justam vel injustam judicabat; hæc erat præjudicialis stipulatio et pro præde litis et vindiciarum.

Quum per formulam petitoriam ageretur, satisdare possessor compellebatur, ut si ab judice condemnatus nec rem ipsam restitueret nec litis æstimationem, potestas esset petitori cum eo agendi aut cum fidejussoribus. At Justiniani tempore, qui in rem actione convenitur, tantum satisdationem dare compellitur pro suâ personâ quod in judicio permaneat usque ad terminum litis, vel creditur suæ promissioni cum jurejurando.

Hâc actione judex si legitima actoris postulata crediderit, rem judicatam declarat et *jussu* rem vindicatam restituere adversario possessori significat. Si verò iste rem reddiderit aut si non potuerit amissâ sine dolo malo possessione, de re principali restituendâ absolvetur, solùmque de accessorio, id est, fructibus præstandis tenebitur. Sed parem rei pretio summam luere damnabitur, si contrà imperio judicis parere noluit, aut dolo malo possessionem perdiderit, definiturque hæc damni præstatio a vindicante ipso per juramentum in litem. Potest hanc summam minuere judex, si graviorem esse credit. Attamen qui restituere jussus, judici non paret, contendens non posse restituere, si quidem habeat rem, manu militari officio judicis ab eo possessio transfertur et fructuum duntaxat omnisque causæ nomine fit condemnatio.

Tempus reo damnato concedi potest, quandò bonâ fide et sine frustratione petierit, ad rem vindicatam restituendam.

De Possessoris damnati obligationibus et exceptionibus.

Petitorem, ut suprà diximus, spectat onus probandi; si est ea probatio ut minimè judicem convincat, reus absolvendus est: at si dominium actoris legitimum esse apparet, jubet reo judex rem restituere cum fructibus et omni causâ. At hîc vero distinctio est necessaria.

Malæ fidei possessor omnes fructus cum re ipsâ restiturus est: bonæ fidei, extantes, nisi fuerint usucapti; post litem autem contestatam universos. Prædo non solùm fructus perceptos sed etiam quos percipere potuit, restituere tenetur, sed tantùm quatenus dominus percipere potuisset: nulla pro eo inter extantes et consumptos fructus distinctio, omnes enim restituendi sunt; consumptos autem vindicare non potens, condicere poterit petitor.

Quasdam attamen exceptiones opponere potest reus damnatus, rei venditæ et traditæ, vel ob inædificationes in re factas, vel ob impensas; bonæ fidei possessori vindicans inædificationes solvere debet: nil verò malæ fidei dabit, cui tamen lapides vindicare, si perierit ædificium licebit; impensæ necessariæ et utiles, bonæ vel malæ fidei possessori restituendæ; non idem de voluptuariis dicendum.

CODE NAPOLÉON.

(art. 582-616).

DROITS ET DEVOIRS DE L'USUFRUITIER.

L'usufruit est défini par le Code, le droit de jouir des choses dont un autre a la propriété, à la charge d'en conserver la substance (578). Le droit de jouir comprend à la fois, dans cette définition, les droits d'*usus* et de *fructus*, dont la réunion compose le droit de l'usufruitier.

Le louage, comme l'usufruit, donne bien le droit de jouir, mais tandis que l'usufruitier a un droit réel, mobilier ou immobilier, et susceptible d'hypothèque dans ce dernier cas, le fermier n'a qu'un droit personnel fondé sur l'obligation du propriétaire de le faire jouir, un droit mobilier dans tous les cas et non susceptible d'hypothèque.

L'art. 578 donne à l'usufruitier le droit de jouir comme le propriétaire lui-même; mais c'est un principe qui ne doit s'étendre qu'à la perception des fruits ou à l'usage de la chose et doit s'entendre dans la supposition que le propriétaire est un bon et sage administrateur.

De ce que l'usufruitier jouit de la chose à la charge d'en conserver la substance, il suit qu'il ne peut ni l'anéantir ni même la modifier dans ses qualités essentielles.

Nous n'avons pas à nous occuper ici des modes d'établissement ou d'extinction de l'usufruit, mais uniquement des droits et des obligations de l'usufruitier.

Droits de l'Usufruitier.

L'usufruitier ayant le droit de *jouir* de la chose soumise à l'usufruit peut en retirer tous les services et en percevoir tous les fruits. On entend par fruits, les produits qui naissent et renaissent de la chose ou que l'on perçoit à l'occasion de cette chose, et enfin les produits qu'elle donne d'après sa destination. Le code distingue trois espèces de fruits : 1° les fruits naturels, qui sont le produit spontané de la terre : tels sont les herbes des prés, les arbres qui naissent dans les forêts; on comprend dans cette classe le produit et le croît des animaux; 2° les fruits industriels, que l'on obtient par la culture : tels sont les moissons des champs; les vendanges des vignes; 3° les fruits civils, qui sont des revenus en argent ou en nature que l'on perçoit à l'occasion de la chose sans qu'ils naissent directement de la chose elle-même : tels sont les loyers des maisons, les intérêts des sommes exigibles, les arrérages des rentes. Le code range dans cette classe les prix des baux à ferme.

L'usufruitier n'acquiert pas de la même manière ces différentes espèces de fruits; la règle est la même pour les fruits naturels et industriels, mais elle change pour les fruits civils.

L'usufruitier a le droit de percevoir les fruits naturels et industriels pendants par branches ou par racines au moment où l'usufruit est ouvert; ceux qui sont dans le même état au moment où l'usufruit finit appartiennent au propriétaire. L'usufruitier et le propriétaire ne se doivent aucune récompense pour les semences et labours qu'ils auraient faits. L'équité n'est ici nullement blessée, puisque les chances de perte sont, pour chaque partie, compensées par des chances égales de gain.

Ce n'est que par la perception que les fruits naturels parvenus à maturité deviennent la propriété de l'usufruitier; d'où il suit que s'il vient à décéder lorsqu'une partie seulement de la moisson est séparée du fonds, il ne transmet que cette partie à ses héritiers ; que si l'usufruit s'éteint avant qu'il ait fait une récolte déjà mûre, il n'a aucune indemnité à réclamer du propriétaire; que s'il a vendu des fruits sur pied, et que l'usufruit cesse avant que l'acheteur les ait perçus, la vente est nulle.

Au commencement comme à la cessation de l'usufruit, l'usufruitier ni le propriétaire ne sauraient porter atteinte aux droits que pourrait avoir acquis un colon partiaire sur une partie des fruits (585).

Les fruits civils sont réputés s'acquérir jour par jour, et appartiennent à l'usufruitier à proportion de la durée de son usufruit. Le code a soin d'ajouter que cette règle s'applique aux prix des baux à ferme, parce que dans notre ancien droit, quoique appelés fruits civils, ces prix étaient regardés comme la représentation des fruits naturels du fonds, et ne s'acquéraient que par la perception réalisée de ces fruits naturels.

Puisque l'usufruitier peut jouir par lui-même ou donner à ferme à un autre (595), les biens ruraux peuvent donner tantôt des fruits naturels, tantôt des fruits civils. Dans ces cas on applique les règles qui sont propres à chacune de ces espèces de fruits.

Il est des choses qui se consomment par le premier usage et par suite ne sauraient faire l'objet d'un véritable usufruit. C'est le cas du quasi-usufruit des Romains. L'usufruitier devient propriétaire de ces choses; mais qu'est-il obligé de rendre à la fin de l'usufruit? L'art 587, nous le croyons du moins, prévoit deux hypothèses : les choses ont-elles été livrées avec estimation? l'usufruitier en doit le prix. Ont-elles été livrées sans estimation? il doit rendre les choses en nature, c'est-à-dire une même quantité de celles qu'il a reçues et de même qualité. — Les parties peuvent aussi établir un quasi-usufruit sur les choses fongibles, autres que celles qui se consomment par le premier usage : leur convention fait loi entre elles. Mais si leur volonté ne s'est pas manifestée à cet égard, l'art. 589 réglerait la matière : si l'usufruit comprend des choses qui sans se consommer de suite, se détériorent peu à peu par l'usage, l'usufruitier a le droit de s'en servir pour l'usage auquel elles sont destinées, et n'est obligé de les rendre à la fin de l'usufruit que dans l'état où elles se trouvent, non détériorées par son dol ou par sa faute.

L'usufruit établi sur une créance ou sur une rente perpétuelle donne à l'usufruitier le droit d'en percevoir les intérêts ou les arrérages : quand son usufruit cesse il restitue la créance et le droit de percevoir les arrérages. L'application de cette théorie aux rentes viagères était vivement controversée dans notre ancien droit. Le code a tranché toute difficulté, en donnant à l'usufruitier le droit de percevoir les arrérages, simples fruits civils, sans être tenu à aucune restitution.

Droits de l'usufruitier quant aux bois. — Les bois ont le caractère de fruits, quand ils sont en coupes réglées. L'usufruitier en jouit donc suivant les prescriptions portées par les art. 590 et 591. Ce sont des fruits naturels qu'il n'acquiert qu'au fur et à mesure qu'il les perçoit : si donc il néglige de faire des coupes auxquelles il a droit, il n'a aucune indemnité à réclamer du propriétaire : s'il fait des coupes anticipées, il est tenu d'indemniser ce dernier.

La communauté usufruitière des propres des époux peut, par exception, demander indemnité pour les coupes qu'elle n'aurait pas faites.

L'usufruitier ne saurait toucher aux arbres de haute futaie qui n'ont pas été mis en coupes réglées. Il lui est permis cependant d'employer, pour les réparations dont il est tenu, les arbres arrachés ou brisés par accident. Il peut même à cet objet en faire abattre, mais à la charge d'en faire constater la nécessité avec le propriétaire. Il est, en outre, autorisé à prendre dans les bois les échalas pour les vignes qui se trouvent comprises dans son usufruit.

Les arbres qu'on peut tirer d'une pépinière sans la dégrader ne font partie de l'usufruit, qu'à la charge pour l'usufruitier de se conformer à l'usage des lieux, pour le remplacement. — L'usufruitier peut disposer des arbres fruitiers qui meurent, ou qui sont arrachés ou brisés par accident, mais à la charge de les remplacer par d'autres.

Droits de l'usufruitier sur les mines, carrières et tourbières. — Quand un propriétaire est dans l'usage de retirer de son fonds certains produits au moyen de fouilles, ces produits quoique n'étant pas fruits sont considérés comme tels et dès lors soumis à la jouissance de l'usufruitier. Tels sont les produits des mines, carrières ou tourbières qui sont en exploitation à l'ouverture de l'usufruit : que si elles n'étaient pas en exploitation, l'usufruitier ne saurait y avoir des droits, puisqu'il n'y aurait plus destination de propriétaire. Il en est de même du trésor qui serait découvert pendant la durée de l'usufruit, sauf le cas où l'usufruitier en serait l'inventeur (598).

Mode de jouissance. — L'usufruitier prenant les choses dans l'état où elles se trouvent (600), souffre l'exercice des servitudes passives qui peuvent grever le fonds; mais il jouit des servitudes établies en faveur du fonds comme le propriétaire lui-même. Celui-ci ne saurait pendant l'usufruit établir une servitude sur le fonds, car il nuirait aux droits de l'usufruitier (599).

L'usufruitier jouit de l'augmentation survenue par *alluvion* à l'objet dont il a l'usufruit.

L'usufruitier peut jouir par lui-même ou donner à ferme à un autre (595). Le code déroge par là à notre ancien droit; c'est dans l'intérêt du propriétaire comme de l'usufruitier qu'il a permis à ce dernier de louer les immeubles pour un temps excédant la durée de son usufruit : mais il doit se conformer aux art. 1429 et 1430 pour la durée de ces baux et pour leur renouvellement.

Quant aux meubles, il ne saurait les louer que pour la durée de son usufruit : *Soluto jure dantis, solvitur jus accipientis.*

L'usufruitier est propriétaire de son droit, il peut donc le vendre ou le céder à titre gratuit. L'acquéreur de ce droit jouira alors comme l'usufruitier et jusqu'à la mort de ce dernier, car ce n'est pas un nouvel usufruit qui est établi.

L'art. 599 reconnaît à l'usufruitier le droit de faire de simples améliorations, mais il n'a aucune indemnité à réclamer, encore que la valeur de la chose en soit augmentée. — Il peut cependant, ou ses héritiers, enlever les glaces, tableaux et autres ornements qu'il aurait fait placer, mais à la charge de rétablir les lieux dans leur premier état.

Que si l'usufruitier avait fait des constructions ou plantations, il serait considéré comme constructeur de mauvaise foi : il y aurait donc lieu ou à remboursement des dépenses ou à enlèvement des matériaux (555).

Devoirs de l'Usufruitier.

Les obligations de l'usufruitier peuvent se ranger en trois classes, 1° obligations avant d'entrer en jouissance; 2° obligations pendant la jouissance; 3° obligations à la fin de la jouissance.

I. La première obligation imposée à l'usufruitier avant d'entrer en jouissance est de faire dresser, en présence du propriétaire ou lui dûment appelé, un inventaire des meubles et un état des immeubles. Ne fait-il pas inventaire, le propriétaire pourra prouver la consistance du mobilier par titres, témoins et même par commune renommée.

L'art. 1442 prononce déchéance de l'usufruit légal *contre l'époux* qui, à la mort de son conjoint, ne fait pas dresser l'inventaire des biens communs auxquels ont droit ses enfants mineurs.

Si l'usufruitier ne fait pas l'état des immeubles, il est présumé les avoir reçus en bon état.

La seconde obligation imposée à l'usufruitier est de promettre par caution qu'il jouira en bon père de famille, à moins qu'il n'en ait été dispensé par l'acte constitutif de l'usufruit.

Sont dispensés de donner caution 1° le vendeur ou le donateur sous réserve d'usufruit; 2° les père et mère ayant l'usufruit légal des biens de leurs enfants; 3° le mari usufruitier légal des biens de sa femme (1550). A part ces trois cas, tout usufruitier est tenu de donner caution : mais qu'arriverait-il s'il ne remplissait pas cette obligation?

Les articles 602 et 603 répondent à cette question : les immeubles sont donnés à bail ou mis en séquestre; les sommes comprises dans l'usufruit sont placées; les denrées sont vendues et le prix en provenant est pareillement placé : les intérêts de ces sommes et les prix de ces fermes appartiennent à l'usufruitier. Quant aux meubles qui dépérissent par l'usage le propriétaire peut en exiger la vente; le prix en est placé et l'usufruitier jouit de l'intérêt. Les tribunaux peuvent cependant, suivant les circonstances, lui faire délivrer une partie des meubles, sous sa simple caution juratoire, à la charge de les représenter à l'extinction de l'usufruit.

On a agité la question de savoir si l'usufruitier pouvait, quand il ne trouve pas de caution, offrir une hypothèque ou un gage suffisant : il nous semble que l'affirmative est plus conforme à l'esprit de la loi.

L'article 604 examine quelle conséquence entraînerait pour l'usufruitier le retard de donner caution : ce retard ne le prive pas des fruits auxquels il peut avoir droit : ils lui sont toujours dus du moment où l'usufruit *a été ouvert*. Cela est vrai quand l'usufruit a été constitué autrement que par testament; mais quand l'usufruit fait l'objet d'un legs, l'usufruitier légataire, comme tout légataire particulier, n'aura droit aux fruits que du jour de sa demande en justice, bien que son usufruit se soit *ouvert* du jour même de la mort du testateur. L'idée que la loi a voulu exprimer dans l'art. 604 est que l'usufruitier ne souffrira pas du retard de donner caution.

Nous avons dit ci-dessus, que l'usufruitier peut être dispensé de donner caution par le constituant. Celui-ci pourra-t-il également le dispenser de faire inventaire du mobilier, quand l'usufruit est laissé par testament? — La plupart des auteurs pensent qu'un testateur le peut valablement, dans le cas où la disposition n'altérerait pas le droit des héritiers réservataires et qu'il le peut sans restriction quand il n'existe pas d'héritiers de cette qualité. Les autres héritiers peuvent alors faire inventaire à leurs frais.

II. *Obligations de l'usufruitier pendant la jouissance.* — L'usufruitier devant jouir en bon père de famille doit faire ce que ferait un administrateur soigneux et diligent pour la conservation des biens qu'il gère. C'est sur les produits du bien que doivent se prendre les frais nécessaires à cet effet. L'usufruitier retire les produits de la chose : il doit donc être tenu des réparations d'entretien et même des grosses réparations quand elles sont occasionnées par le défaut de réparations d'entretien depuis l'ouverture de l'usufruit.

Les grosses réparations demeurent à la charge du propriétaire, mais comme il n'est pas obligé de faire jouir, il n'est pas *tenu* de les faire. La loi a eu soin de spécifier quelles étaient les grosses réparations. Ce sont : les réparations des gros murs; les réparations à faire aux voûtes; le rétablissement des poutres; le rétablissement des toitures entières; les réparations des digues et des murs de soutènement en entier; enfin les murs de clôture aussi en entier. (Cette énumération n'a trait qu'aux maisons et bâtiments ordinaires. On doit pourtant, et d'après l'esprit de la loi, faire une distinction entre les grosses réparations et celles d'entretien, relatives à des objets autres que ceux désignés par la loi, tels que navires, pompes à feu, appareils fonctionnant dans une usine.)

Toutes les autres réparations sont réparations d'entretien, et, comme nous l'avons dit, à la charge de l'usufruitier. Il ne saurait, même en renonçant à son droit, s'affranchir des réparations qui sont devenues nécessaires pendant la jouissance. — S'il fait les grosses réparations, on admet généralement qu'il a droit à la répétition du capital à la fin de l'usufruit, à moins qu'il ne soit démontré que le propriétaire n'avait aucun intérêt à la conservation de la chose réparée. — Si c'est au contraire le propriétaire, l'usufruitier lui doit l'intérêt, pendant la jouissance, du capital dépensé.

L'usufruitier est tenu des charges annuelles telles que les contributions et autres qui dans l'usage sont charges de fruits : il a tous les revenus du fonds, il doit donc supporter intégralement ces charges. Il en est autrement des impôts extraordinaires qui frapperaient sur le bien pendant la durée de la jouissance. Le propriétaire paie-t-il? L'usufruitier lui doit les intérêts. Est-ce l'usufruitier qui avance la somme? Le propriétaire est tenu de lui restituer le capital à la fin de l'usufruit. Si aucun d'eux ne veut faire l'avance, on saisit et l'on fait vendre jusqu'à due concurrence une partie des biens soumis à l'usufruit.

Il peut arriver que le bien soumis à l'usufruit donne naissance à des procès qui peuvent avoir trait soit à la jouissance, soit à la nue propriété, soit à la pleine propriété. Qui devra supporter les frais et condamnations résultants de ces procès? — Si l'usufruit a été constitué à titre onéreux, le constituant, à moins de stipulation contraire, est tenu de tous les frais. Si c'est à titre gratuit, et si le procès concerne seulement la jouissance, l'usufruitier en supporte les frais; s'il concerne la nue propriété, c'est le propriétaire; enfin s'il concerne la pleine propriété, chacun contribue aux frais en proportion de son intérêt.

Toutes les fois qu'un tiers porte atteinte de quelque manière que ce soit aux droits du nu propriétaire sur l'objet soumis à l'usufruit, l'usufruitier est tenu d'en avertir le propriétaire. Il a pour cela huit jours francs, plus un jour par trois myriamètres de distance entre le bien soumis à l'usufruit et le domicile du nu propriétaire. S'il ne remplit pas cette obligation, il est responsable de tout le dommage qui peut résulter pour le propriétaire (614).

Dettes et autres charges de la succession, dans le cas d'usufruit constitué par testament. — Tous les legs d'usufruit sont des legs particuliers; si la loi (610 et 612) les a, suivant les cas, appelés legs universel, à titre universel ou à titre particulier, c'est pour bien les caractériser. — L'usufruitier universel recueille les intérêts actifs, les fruits de tous les biens; l'usufruitier à titre universel n'a droit qu'aux fruits d'une quote-part des biens; d'autre part, les arrérages d'une rente comme les revenus d'une pension alimentaire sont de simples fruits; il était donc juste qu'ils fussent tenus d'acquitter en proportion de leur jouissance et sans aucune répétition de leur part, les pensions alimentaires et les rentes perpétuelles ou viagères qui frappent sur le patrimoine; peu importe que la rente soit léguée par le testateur qui lègue en même temps l'usufruit, ou qu'elle ait été établie du vivant de ce dernier.

Ce n'est pas là la seule obligation qui soit imposée à l'usufruitier universel ou à titre universel: le don d'une universalité ou d'une quote-part de l'universalité entraîne transmission des dettes; l'usufruitier universel ou à titre universel contribuera aux dettes, quant aux intérêts seulement. Mais comment se fixera cette contribution?

L'usufruitier universel paiera la totalité des intérêts, s'il n'existe aucun héritier à réserve : dans le cas contraire sa contribution sera fixée suivant le nombre et la qualité de ces héritiers. — L'usufruitier à titre universel contribue pour la moitié, le tiers, le quart, quand son droit frappe sur la moitié, le tiers, le quart de l'ensemble de la succession; si au contraire c'est sur tous les meubles ou immeubles ou une quote-part des uns ou des autres, on estime le patrimoine entier et les biens soumis à l'usufruit, et la comparaison de leurs valeurs respectives fixe la part pour laquelle l'usufruitier doit contribuer.

Pour arriver à l'acquittement des dettes que l'usufruitier doit supporter, on peut vendre une partie des biens soumis à l'usufruit. Mais si le propriétaire préfère payer, l'usufruitier lui doit les intérêts pendant la durée de son usufruit : si c'est l'usufruitier qui avance la somme, le capital lui est restitué à la fin de l'usufruit sans aucun intérêt.

L'usufruitier à titre particulier n'est tenu de l'intérêt d'aucune dette; mais si par la poursuite d'un créancier hypothécaire, il se voyait contraint de payer la totalité de la dette, il aurait un recours contre le débiteur de la dette pour le capital et les intérêts.

III. *Obligations de l'usufruitier à la fin de l'usufruit.* — L'usufruitier doit restituer l'objet soumis à l'usufruit ou ce qui reste de cet objet, non détérioré par sa faute, car s'il y avait de sa faute, il serait tenu d'indemniser le propriétaire du dommage qu'il lui a causé.

Il doit laisser au propriétaire les différentes améliorations qu'il peut avoir faites.

Nous avons déjà dit, en parlant des droits de l'usufruitier, que les fruits pendants par branches ou par racines, au moment où l'usufruit finit appartiennent au propriétaire.

L'usufruitier doit tenir compte à ce dernier des fruits civils qu'il aurait perçus pour un temps qui dépasserait la durée de son usufruit.

Quand l'usufruit est établi sur un seul animal qui vient à mourir sans la faute de l'usufruitier, celui-ci n'est pas tenu de le remplacer — mais il en doit rendre le cuir.

Si l'usufruit est établi sur plusieurs animaux spécialement désignés, il n'est pas tenu de remplacer les bêtes mortes par de nouvelles : ici encore il ne restitue que les cuirs, ou leur valeur, des bêtes mortes.

Si l'usufruit est établi sur un troupeau et s'il vient à périr entièrement par accident ou par maladie, sans la faute de l'usufruitier, celui-ci est tenu de rendre les cuirs ou d'en payer la valeur.

Mais si le troupeau ne périt pas entièrement, comme l'usufruitier ne jouit que des produits déduction faite de l'entretien, il est tenu de remplacer les têtes des animaux qui ont péri jusqu'à concurrence du croît (616), c'est-à-dire avec les animaux qui naîtront après l'évènement ou qui déjà nés se trouvent encore en possession de l'usufruitier.

Actions qui compètent à l'usufruitier.

L'usufruitier ayant un droit réel a aussi une action réelle pour le faire reconnaître. Il peut l'intenter contre tout détenteur, sans préjudice de la prescription, ou de la règle : en fait de meubles, possession vaut titre.

Il a aussi les actions possessoires en complainte et en réintégrande.

Il a l'action en revendication ou en dommages-intérêts contre le voleur des fruits et ses complices, et une action en indemnité contre ceux qui ont commis des dégâts sur le fonds.

Il peut également poursuivre, par une action en indemnité, celui qui sans sa permission aurait chassé sur le fonds soumis à l'usufruit. (Loi du 30 avril 1790.)

PROCÉDURE CIVILE.

DE L'APPEL.

(Livre III. Titre unique).

Chacun a droit à une justice égale et complète : aussi la loi réserve-t-elle à chaque individu un recours efficace contre l'erreur ou l'injustice des décisions du magistrat.

Les voies ouvertes contre les jugements sont ordinaires ou extraordinaires; dans la première classe rentre l'appel dont nous allons nous occuper.

L'appel est le recours à un tribunal supérieur contre un jugement que l'on soutient être rendu par un juge incompétent, être irrégulier ou injuste, pour qu'il l'annule, le réforme ou le modifie.

L'appel est principal ou incident : l'appel principal est celui qui n'est précédé d'aucun autre, celui qui le premier soumet le jugement du tribunal inférieur au tribunal supérieur; l'appel incident est celui qui s'interjette accessoirement à un autre appel et pendant le cours d'une instance déjà introduite.

L'appel peut porter sur tous les chefs d'un jugement, ou sur quelques uns seulement : Il est dit *indéfini* dans le premier cas, *restreint* dans le second.

Deux conditions sont requises pour pouvoir appeler d'un jugement.

Il faut d'abord que ce jugement soit en premier ressort. Il ne reste à la partie condamnée dans un jugement rendu en dernier ressort que le recours aux voies extraordinaires, quand elle se trouve dans un cas où il est permis de prendre ces voies.

Le principe que l'on ne peut appeler que d'un jugement en premier ressort souffre exception dans les trois cas suivants : 1° Si un interlocutoire est ordonné par le juge de paix, la cause doit être jugée définitivement au plus tard dans les quatre mois du jour du jugement interlocutoire; après ce délai l'instance est périmée de droit; le jugement qui est rendu sur le fond est sujet à l'appel, même dans les matières dont le juge de paix connaît en dernier ressort (15); 2° lorsque le jugement qualifié en dernier ressort est rendu par des juges qui ne peuvent prononcer qu'en premier ressort; 3° lorsqu'il s'agit d'incompétence, l'appel est recevable encore que le jugement soit qualifié en dernier ressort.

Le droit de juger en dernier ressort est établi en faveur des parties et non en faveur du juge. Aussi ne sont pas recevables les appels des jugements rendus sur des matières, dont la connaissance en dernier ressort appartient aux premiers juges, mais qu'ils auraient omis de qualifier ou qu'ils auraient qualifiés en premier ressort. Il en est de même en matière de commerce. (C. Com. 646.)

Dans le cas d'un jugement préparatoire, l'appel ne peut être interjeté qu'après le jugement définitif et conjointement avec l'appel de ce jugement.

La seconde condition exigée pour qu'on puisse appeler d'un jugement rendu en premier ressort, c'est que ce jugement n'ait pas acquis l'autorité de la chose jugée : or, un jugement d'abord susceptible d'appel acquiert l'autorité de la chose jugée : 1° quand la partie y acquiesce expressément ou tacitement; 2° quand on n'appelle pas dans le délai prescrit; 3° lorsque l'appel est périmé.

Le délai pour interjeter appel est ordinairement de trois mois. Nous disons ordinairement, parce qu'il est des cas où ce délai est augmenté, d'autres où il est abrégé, d'autres enfin où il est suspendu.

Le délai est augmenté dans les cas suivants :

Ceux qui demeurent hors la France continentale ont, outre le délai de trois mois depuis la signification du jugement, le délai des ajournements réglé par l'article 73.

Ceux qui sont absents du territoire européen de l'empire pour service de terre ou de mer, ou employés dans les négociations extérieures pour le service de l'État ont, outre les trois mois, le délai d'une année.

Enfin, l'art. 443 *(in fine)* autorise l'intimé à interjeter incidemment appel, quand même il aurait signifié le jugement sans protestation.

Le délai de l'appel est abrégé : 1° Quand il s'agit de jugements rendus par les juges de paix; les parties domiciliées dans le canton doivent interjeter appel dans les trente jours après notification.

Les parties domiciliées hors du canton ont pour interjeter appel, outre ce délai de trente jour, le délai réglé par les art. 73 et 1033 du Code de Pr. Civ. (Loi du 25 mai 1838, art. 13).

2° Quand il s'agit de causes qui doivent être jugées sommairement et qui requièrent célérité : en matière de distribution par contribution (669), de faillite (C. Com. 582), de saisie immobilière (731) etc.

Le délai de l'appel est suspendu par la mort de la partie condamnée. Si donc deux mois sont écoulés depuis la signification, le délai ne reprendra son cours qu'à partir du jour d'une nouvelle signification du jugement faite aux héritiers.

Dans le cas où le jugement a été rendu sur une pièce fausse, le délai de l'appel ne court que du jour où le faux a été reconnu, c'est-à-dire avoué soit par la partie à qui le faux a profité, soit par l'auteur du faux, ou bien à partir d'un jugement qui déclare l'acte faux.

Si la partie a été condamnée faute de représenter une pièce décisive qui était retenue par son adversaire, le délai de l'appel ne court que du jour où la pièce a été recouvrée, pourvu qu'il y ait preuve par écrit du jour où la pièce a été recouvrée et non autrement.

On peut enfin regarder comme un cas de suspension du délai d'appel celui où un jugement rendu contre un mineur n'aurait pas été signifié tant au tuteur qu'au subrogé-tuteur, encore que ce dernier n'ait pas été en cause. Le délai d'appel ne court que du jour de cette double signification.

En dehors de ces cas, le délai de l'appel est toujours de trois mois, et emporte déchéance contre toutes personnes sauf recours contre qui de droit. C'est une déchéance d'ordre public qui peut être toujours demandée par la partie et doit être prononcée d'office par le juge.

Mais à partir de quel jour court le délai des trois mois ? — Pour faire courir ce delai, celui qui a obtenu gain de cause doit faire signifier le jugement à personne ou à domicile.

Si le jugement est préparatoire, le délai part du jour de la signification du jugement définitif. L'appel d'un jugement préparatoire est recevable encore qu'il ait été exécuté sans réserves, parce que le condamné ne pouvant appeler avant le jugement définitif, a été contraint d'exécuter le jugement préparatoire.

Si le jugement est par défaut, le délai court du jour où l'opposition n'est plus recevable.

Les délais de l'appel sont francs non susceptibles d'augmentation à raison des distances et ne doivent pas être calculés à raison de trente jours par chaque mois, mais à raison du nombre des jours qui se trouvent former, suivant le calendrier, les trois mois qui suivent la signification.

L'appel peut-il être interjeté aussitôt que le jugement est rendu? En règle générale, dès qu'une action est ouverte, elle peut être exercée : ainsi, dès qu'un jugement qui lèse est rendu, il semble qu'on devrait pouvoir en appeler. Cette règle souffre exception à l'égard de l'appel. Il faut distinguer entre le jugement exécutoire par provision nonobstant appel, et celui qui ne l'est pas.

1° S'il est exécutoire par provision, on peut appeler dès que le jugement est rendu, même sans le lever ni en attendre la signification. Il est juste en effet de permettre au condamné, qui peut être contraint d'exécuter le jugement sur le champ, sans attendre la décision de l'appel, il est juste qu'il appelle de même, afin de faire infirmer au plus tôt le jugement dont il se plaint.

C'est parce que les ordonnances de référé et les jugements en matière de commerce sont exécutoires par provision, que l'appel peut en être interjeté le jour même où ils sont rendus.

2° Si le jugement n'est pas exécutoire par provision, le condamné ne peut interjeter appel pendant la huitaine à dater du jour du jugement. L'appel interjeté avant la huitaine doit donc être déclaré non recevable; mais l'appelant peut le réitérer s'il est encore dans le délai.

L'exécution des jugements non exécutoires par provision est suspendue pendant cette huitaine (450), par cela même que le condamné ne saurait appeler avant l'expiration de ces huit jours.

Devant quel tribunal doit être porté l'appel?—La compétence en matière d'appel est réglée de la manière suivante :

Les tribunaux de première instance connaissent des appels des justices de paix; les cours impériales de ceux des tribunaux de première instance et de commerce. L'appel des jugements arbitraux est porté devant les tribunaux de première instance ou devant les cours impériales suivant que les matières sur lesquelles les arbitres ont statué étaient de la compétence, soit en premier soit en dernier ressort, des justices de paix ou des tribunaux de première instance. L'appel ne peut porter qu'au tribunal ou à la cour dont relève le juge qui a prononcé, à moins qu'il n'y ait eu cassation d'un premier jugement ou d'un premier arrêt rendu sur appel.

Nous pouvons maintenant nous demander comment doit être fait l'appel. L'appel principal s'interjette par un exploit contenant assignation dans les délais de la loi et signifié à personne ou à domicile à peine de nullité.

Quant à l'appel incident, l'intimé peut le relever par un simple acte d'avoué à avoué.

Pour tracer la procédure à suivre sur l'appel, il faut distinguer entre les affaires non sommaires et les affaires sommaires. Cette distinction est inutile quand l'intimé n'a pas constitué avoué. L'appel alors est porté à l'audience où il est rendu arrêt ou jugement par défaut. Mais si l'affaire est non sommaire, et si l'intimé a constitué avoué, l'appelant est tenu, dans la huitaine de cette constitution, de signifier ses griefs contre le jugement : dans la huitaine suivante, l'intimé répond à ces griefs, après quoi l'audience est poursuivie sans autre procédure.

Si l'affaire est sommaire, l'appel est porté à l'audience sur un simple acte et sans autre procédure.

Il est à remarquer que les appels des jugements rendus en matière de commerce sont instruits et jugés devant les Cours, comme appels de jugements rendus en matières sommaires.

On ne peut en appel former aucune nouvelle demande. Cette règle est fondée sur ce principe établi par la loi du 1er mai 1790, que toute demande doit subir les deux degrés de juridiction. Elle est cependant sujette à quatre exceptions : 1° lorsqu'il s'agit de compensation ; 2° quand la demande nouvelle est la défense à l'action principale ; 3° lorsqu'il s'agit d'intérêts, arrérages, loyers et autres accessoires échus depuis le jugement dont est appel ; 4° quand on demande des dommages-intérêts dus à raison du préjudice souffert depuis le jugement. Dans ces cas les demandes nouvelles et les exceptions du défendeur ne sont formées que par de simples actes de conclusions motivées. Il en est de même dans le cas où les parties veulent changer ou modifier leurs conclusions.

On ne doit pas regarder comme une nouvelle demande les moyens nouveaux employés par l'appelant ou l'intimé pour prouver la demande ou la défense produite en première instance.

Aucune intervention ne peut être reçue en appel si ce n'est de la part de celui qui aurait droit de former tierce-opposition. La loi permet l'intervention dans ce cas afin d'éviter un circuit inutile et d'empêcher de plus grandes dépenses. Elle doit être introduite par une requête libellée, et l'on doit en donner copie ainsi que des pièces justificatives à l'appui.

La péremption en appel a l'effet de donner au jugement dont est appel l'autorité de la chose jugée. Cette sévérité tient à ce que l'appelant est inexcusable, puisqu'il a été inutilement averti deux fois et par le procès de première instance et par le procès d'appel.

De ce qui précède, on peut voir qu'il existe trois différences entre la procédure en première instance et celle d'appel. En effet on ne peut, en appel, former de nouvelles demandes, l'on ne peut intervenir que quand on a droit de former tierce-opposition, enfin la péremption entraîne la perte du droit. Les autres règles établies pour les tribunaux inférieurs sont observées devant les tribunaux d'appel.

Il est à remarquer que les tribunaux d'appel peuvent, dans certains cas, décider le fond de l'affaire qui n'a pas été jugée définitivement par le tribunal de première instance. C'est ce que l'on appelle *évocation*. L'évocation est fondée sur ce que le juge d'appel peut faire ce que le premier juge aurait dû faire et n'a pas fait : d'où il suit, qu'il n'y a lieu à évocation qu'autant que la décision du tribunal inférieur a été infirmée.

Lors donc qu'il y a appel d'un jugement interlocutoire, si le jugement est infirmé, et que la matière soit disposée à recevoir une décision définitive, les tribunaux d'appel peuvent en même temps statuer sur le fond définitivement par un seul et même jugement.

Il en est de même pour les jugements définitifs infirmés en appel pour vice de forme ou tout autre cause.

L'évocation n'emporte pas violation de la règle des deux degrés de juridiction ; mais il n'en serait plus ainsi, si le tribunal d'appel voulait retenir la connaissance d'un jugement infirmé et rendu par un tribunal incompétent *ratione materiæ*.

Du jugement rendu sur appel. — Quand l'instruction de l'affaire portée en appel est achevée, on passe outre au jugement. S'il se forme plus de deux opinions, les juges plus faibles en nombre sont tenus de se réunir à celle des deux opinions qui a été émise par le plus grand nombre ; mais ils ne sont tenus de s'y réunir qu'après que les voix sont recueillies une seconde fois.

Les arrêts des Cours impériales ne peuvent être rendus par moins de sept juges. En cas de partage dans une Cour, on appelle, pour le vider, un au moins ou plusieurs des Conseillers qui n'ont pas connu de l'affaire, et toujours en nombre impair, en suivant l'ordre du tableau. L'affaire est de nouveau plaidée ou rapportée s'il s'agit d'une instruction par écrit. Dans le cas où tous les Conseillers auraient connu de l'affaire, il est appelé, pour l'arrêt, trois anciens jurisconsultes.

En première instance on n'appelle qu'un juge, et à défaut un suppléant, un avocat (118).

Le jugement d'appel peut porter confirmation ou infirmation du jugement primitif : dans le premier cas, l'appel est comme non avenu et l'appelant condamné à une amende de cinq ou dix francs suivant qu'il s'agit d'un appel de jugement de justice de paix, ou de celui d'un tribunal de première instance ; dans le second cas, le premier jugement subsiste pour partie ou est totalement anéanti, suivant qu'il a été infirmé sur quelques-uns ou sur tous ses chefs.

Quand le jugement est confirmé, l'exécution en appartient au tribunal qui l'a rendu. Cette règle comporte deux exceptions : 1° la connaissance d'un jugement arbitral, rendu sur un appel, n'appartient pas aux arbitres, mais au tribunal ou à la cour dont le président a rendu l'ordonnance d'exécution ; 2° les tribunaux de commerce ne connaissent pas de l'exécution des jugements définitifs rendus par eux.

Quand le jugement est infirmé, l'exécution en appartient soit au tribunal d'appel qui a prononcé, soit à un autre tribunal qu'il désigne. Cette règle ne s'applique pas, 1° quand l'exécution intéresse des tiers non parties ; 2° quand la loi attribue elle-même juridiction, comme, lorsqu'il s'agit de demandes en nullité d'emprisonnement, d'expropriation forcée, de partage et autres.

Effets de l'appel. — Jusqu'à l'appel on peut faire exécuter le jugement qu'il soit définitif ou interlocutoire; mais dès qu'il est interjeté, l'exécution du jugement est suspendue : l'appel est donc suspensif.

L'appel est encore dévolutif, puisqu'il investit les juges supérieurs de la connaissance de matières déjà traitées, et remet tout en question devant eux, à moins que l'appel ne soit restreint, auquel cas ils n'ont à examiner que les chefs attaqués.

L'appel n'est pas suspensif dans deux cas : 1° quand le jugement porte qu'il sera exécuté par provision nonobstant appel ; 2° quand le jugement a été mal à propos qualifié en dernier ressort. Dans ce dernier cas, l'exécution n'est suspendue qu'autant que l'appelant obtient du tribunal des défenses de l'exécuter, sur assignation à bref délai, car la provision est due aux décisions des tribunaux, malgré les allégations des parties, jusqu'à ce que les juges supérieurs aient statué.

A l'égard des jugements non qualifiés, ou qualifiés en premier ressort et dans lesquels les juges étaient autorisés à prononcer en dernier ressort, l'exécution provisoire peut être ordonnée par le tribunal d'appel à l'audience et sur un simple acte.

L'intimé peut faire ordonner, avant le jugement de l'appel, l'exécution provisoire dans les cas où elle est autorisée ; que si, au contraire, l'exécution provisoire est ordonnée hors des cas prévus par la loi, l'appelant peut obtenir des défenses à l'audience et sur assignation à bref délai. (458. 459.)

DROIT COMMERCIAL.

COMPÉTENCE EN MATIÈRE D'EFFETS DE COMMERCE.

Si les objets corporels, meubles ou immeubles, peuvent être vendus, les créances et autres droits peuvent être également cédés ou transportés à des tiers; mais le commerce n'aurait pas retiré grand profit de cette faculté si, dans tous les cas, il avait été obligé de se soumettre à toutes les formalités prescrites par la loi civile pour la cession des titres d'obligation. On a donc créé des billets ou reconnaissances avec promesse de payer, qui sont négociables ou transmissibles soit par endossement soit par simple tradition du titre. Ce sont ces titres qui portent le nom d'effets de commerce. Les uns sont payables à une personne désignée ou sur son ordre, tels que la lettre de change, le plus important de tous, le billet à domicile et le billet à ordre; d'autres ne désignent pas la personne du créancier et sont exigibles pour celui entre les mains duquel ils se trouvent au moment de l'échéance : ce sont les billets au porteur.

Toutes les contestations relatives aux lettres de change sont de la compétence des tribunaux de commerce; que la lettre de change ait pour cause une opération commerciale ou non, qu'elle ait été souscrite par un négociant ou par un simple particulier, elle rend dans tous les cas les souscripteurs justiciables des tribunaux de commerce (art. 631 et 632, C. Com.)

A ce principe général il est pourtant une exception. Lorsque l'acte ne réunit pas toutes les conditions que la loi exige pour que la lettre de change soit parfaite, lorsqu'il est démontré que, sous la régularité des formes, ont été cachées de pernicieuses suppositions, la loi dépouille le titre de sa fausse apparence, et le qualifie de simple promesse, d'obligation civile. Aussi l'art. 636 porte-t-il que si les lettres de change sont réputées simples promesses *aux termes de l'art. 112*, c'est-à-dire si elles contiennent supposition soit de nom, soit de qualité, soit de domicile, soit de lieu d'où elles sont tirées et où elles sont payables, la juridiction commerciale doit se déclarer incompétente et renvoyer devant le tribunal civil, si le défendeur le requiert.

Quelques auteurs ont pensé que l'exception formulée par l'art. 636 devait s'appliquer au cas prévu par l'art. 113, c'est-à-dire, aux lettres de change souscrites par des femmes ou des filles non commerçantes, dont la signature ne vaut à leur égard que comme simple promesse. Mais puisque le législateur n'a mentionné que l'art. 112 il nous semble rationnel de penser qu'il n'a pas voulu étendre, au cas de l'art. 113, une dérogation aux principes généraux de compétence. Le seul effet que puisse produire à l'égard des femmes ou filles non commerçantes la qualification de simple promesse donnée aux lettres de change souscrites par elles, c'est de les affranchir de la contrainte par corps.

Pour ce qui a trait aux difficultés qui peuvent s'élever au sujet des autres effets de commerce, si ces effets ont été souscrits par des commerçants ou par des receveurs, payeurs, percepteurs ou autres comptables des deniers publics, sans indication d'une cause étrangère à leur commerce ou à leur gestion, la connaissance en appartient aux tribunaux de commerce d'après les art. 631, 634 et 638 combinés.

Mais un simple particulier ne sera pas soumis à la juridiction commerciale par cela seul qu'il aura signé un billet à ordre ou à domicile, susceptible d'être négocié et transmis par voie d'endossement, à moins toutefois que son obligation n'ait été contractée à l'occasion d'opérations de commerce, trafic, banque ou courtage, auquel cas la contestation serait relative à un acte de commerce, et la compétence devrait être réglée par le 2° de l'art. 631.

Il faut cependant remarquer que si le billet à ordre portait en même temps la signature d'individus négociants et d'individus non négociants, les uns et les autres seraient justiciables des tribunaux consulaires; mais les individus non négociants ne pourraient être condamnés avec prise de corps, qu'autant qu'ils se seraient engagés à l'occasion d'opérations de commerce, trafic, change, banque ou courtage.

Il nous reste à dire quel est le tribunal compétent pour juger ceux qui, par leur signature, ont garanti le paiement d'un effet et que le porteur a droit d'assigner. L'art. 420 Code de Proc. porte que le demandeur aura le choix d'assigner devant le tribunal du domicile du défendeur ou devant le tribunal dans l'arrondissement duquel le paiement doit être effectué. Il est à remarquer que le porteur ayant le droit de citer collectivement en justice le tireur et les endosseurs, qui sont ses débiteurs solidaires, peut les attirer tous devant le tribunal du domicile de l'un d'eux. (C. de Proc. art. 59, 2e alinéa.)

Le tribunal compétent pour statuer sur la demande principale doit aussi connaître de toutes les demandes en garantie auxquelles elle peut donner lieu, mais le tiré qui n'a pas accepté ne peut être traduit devant un tribunal autre que celui de son domicile. Toutes les exceptions proposées dans le cours de l'instance ainsi que tous les incidents qui s'y produisent rentrent également dans la compétence du tribunal saisi de la demande; toutefois s'il s'agit de vérification d'écriture ou d'inscription de faux, il doit être sursis au jugement du fond, et l'incident renvoyé devant les juges qui peuvent en connaître. (Art. 427 C. de Proc.)

DROIT ADMINISTRATIF.

COMPÉTENCE DES CONSEILS DE PRÉFECTURE EN MATIÈRE DE GRANDE VOIRIE.

On entend par voirie, dans le sens le plus général, l'ensemble des voies de communication par terre et par eau. Elle se divise en grande et petite voirie.

La petite et la grande voirie ne se distinguent plus aujourd'hui comme avant 1789 par la diversité d'objet de l'action administrative, mais par la nature même des communications et leur degré d'importance.

Sont dépendances de la grande voirie : 1° les grandes routes, c'est-à-dire, les routes impériales et les routes départementales; 2° les traverses des grandes routes dans l'intérieur des villes, bourgs ou villages; 3° les chemins de fer construits ou concédés par l'État; 4° les fleuves ou rivières navigables ou flottables; 5° les ports, hâvres et rades de *commerce*.

La petite voirie comprend les voies de communication qui n'offrent qu'un intérêt communal : 1° les chemins vicinaux et ruraux; 2° les rues et places des villes, bourgs et villages qui ne sont pas des traverses de grandes routes.

Les cours d'eau qui ne sont ni navigables ni flottables n'appartiennent ni à la grande ni à la petite voirie; la loi ne les considère pas comme des voies de transport.

Les conseils de préfecture sont incompétents en matière de petite voirie; en matière de grande voirie, ils ont tout à la fois une juridiction purement contentieuse et une juridiction répressive.

La juridiction purement contentieuse a été établie d'une manière générale par l'alinéa 5 de l'art. 4 de la loi du 28 pluviôse an VIII : Le conseil de préfecture prononcera sur les difficultés qui pourront s'élever en matière de grande voirie. Il est donc compétent pour statuer sur les anticipations à l'effet d'établir la réintégration *définitive*, et c'est là l'objet de sa juridiction contentieuse. Quant à sa juridiction répressive elle est contenue dans les termes généraux de l'alinéa 5 de l'art. 4 précité; mais elle a été formellement établie par les art. 1 et 4 de la loi du 29 floréal an X, aux termes desquels, le conseil de préfecture est appelé à prononcer des peines encourues pour toute espèce de contraventions aux réglements de grande voirie, contraventions qui se traduiraient par des détériorations matérielles du sol, ou par des anticipations sur le sol de la route. Dans ce dernier cas, le conseil de préfecture a donc double compétence.

Les contraventions en matière de grande voirie sont constatées par les maires et adjoints, les commissaires de police et les gardes-champêtres, par les ingénieurs des ponts-et-chaussées, conducteurs, piqueurs et cantonniers, par les agents de la navigation, par les employés des contributions indirectes et par la gendarmerie.

Les procès-verbaux doivent être affirmés dans les trois jours devant le juge de paix ou le maire, et ne font foi que jusqu'à preuve contraire. Ils sont adressés au sous-préfet, qui les transmet, par l'intermédiaire du préfet, au conseil de préfecture.

A l'égard des peines que le conseil de préfecture peut prononcer, il importe de constater l'état de la législation antérieure à 1789, parce que les réglements alors en vigueur ont été maintenus par la loi des 19-22 juillet 1791. Ces réglements étaient en harmonie avec le système pénal de l'ancien régime, dont ils offraient le triple caractère. Mais comment concilier les peines prononcées en application de ces réglements avec le système pénal actuel? Un conseil de préfecture ne saurait aujourd'hui prononcer l'emprisonnement : la garantie de la liberté individuelle est assurée par les tribunaux judiciaires; les amendes arbitraires ont disparu de notre Code; chaque amende a un *maximum* et un *minimum* déterminés.

Le Conseil d'État avait décidé : 1° qu'en aucun cas la peine de l'emprisonnement ne pourrait être prononcée par les conseils de préfecture ; que si les anciens réglements ne prononçaient que cette peine, ils n'en appliqueraient aucune; 2° que les amendes arbitraires ne devaient pas être infligées ; 3° que les amendes fixes devaient toujours être appliquées.

Mais dans ce dernier cas, le conseil d'État annullait les arrêtés des conseils de préfecture, réduisait les amendes et se constituait ainsi juge de la loi.

Cette jurisprudence présentait d'assez graves inconvénients pour attirer l'attention du législateur. La loi du 23 mars 1842 porte que dans tous les cas où les anciens réglements prononçaient des amendes fixes, le conseil de préfecture est autorisé à les réduire jusqu'au vingtième de leur chiffre sans jamais descendre au dessous de seize francs; s'il s'agit des anciennes amendes arbitraires, il peut les faire varier entre un *maximum* de trois cents francs et un *minimum* de seize francs.

La loi du 23 mars 1842 n'ayant pas parlé du cas d'emprisonnement, laisse à cet égard dans toute sa vigueur la jurisprudence du Conseil d'État.

COMPÉTENCE DU CONSEIL DE PRÉFECTURE EN MATIÈRE DE POLICE DE ROULAGE.

La police de roulage est l'ensemble des règles qui ont pour objet de garantir le bon état de viabilité des routes et la sécurité des voyageurs. La compétence du conseil de préfecture ne s'étend qu'au premier de ces objets.

Le principe qui a longtemps régi cette matière consistait dans un système de restriction sous un double rapport : quant aux dimensions des jantes des roues et quant au poids du chargement réuni à celui du véhicule. Ce principe avait été établi par une loi du 29 floréal an X, par une loi du 7 ventôse an XII, et enfin par un décret impérial du 23 juin 1806. Ce système à peine mis en vigueur fut jugé défavorablement par l'expérience; on reconnut que les lourds chargements étaient loin de dégrader les routes, et que la largeur des jantes n'avait pas cette action conservatrice qu'on lui attribuait : de plus, l'emploi du système avait nécessité des ponts à bascule, et il était arrivé que les employés à la garde de ces ponts s'étaient livrés à des abus scandaleux par suite de leur connivence avec les conducteurs ou autres entrepreneurs des transports publics. Cependant, malgré ces résultats bien constatés, ce n'est que cinquante ans après et par la loi du 30 mai 1851 que ce système fut aboli.

L'art. 1er de cette loi pose en principe que sur les grandes routes et sur les chemins vicinaux de grande communication, désormais toute voiture, de roulage ou de messageries publiques, pourra circuler sans aucune restriction soit quant au poids de la voiture ou des chargements, soit quant à la largeur des jantes. Un réglement d'administration publique du 18 août 1852, est venu apporter des restrictions à la liberté des transports afin de garantir le bon état de viabilité des routes.

Même antérieurement à la loi de 1851, les conseils de préfecture ne connaissaient que des contraventions affectant l'état matériel des routes. Dans l'état actuel de la législation, le conseil de préfecture est appelé à connaître : 1° des contraventions aux réglements ayant spécialement pour objet le maintien du bon état de viabilité des routes; 2° des dommages occasionnés au bon état de la route par l'imprudence ou la faute des conducteurs. Dans le premier cas le conseil de préfecture peut prononcer une amende de cinq à trente francs, dans le second, une amende de trois à cinquante francs (art. 4, loi 30 mai 1851). Toutes les autres contraventions sont de la compétence des tribunaux judiciaires.

La constatation des contraventions est faite par les agents déterminés plus haut. Il y a en outre augmentation du nombre de ces agents. Leurs procès-verbaux doivent être enregistrés en débet dans les trois jours de leur date ou de leur affirmation à peine de nullité; dans les deux jours de l'enregistrement ils doivent être adressés au sous-préfet, qui les transmet au préfet, dans les deux jours de sa réception (art. 19 et 22 de la loi précitée).

Enfin, dans ses art. 26 et 27, la loi de 1851 fixe les conditions de la prescription soit pour l'action soit pour la peine. L'instance est périmée par six mois à compter de la date du dernier acte des poursuites, et l'action publique est éteinte à moins de fausses indications ou de fausses déclarations. Les amendes se prescrivent par une année à compter de l'arrêté du Conseil de Préfecture ou de la décision du conseil d'État s'il y a pourvoi.

La prescription n'est acquise qu'après cinq ans, s'il y a eu fausses indications ou fausses déclarations.

Vu par nous Professeur Doyen Président de thèse,
BOUTEIL.

Vu et permis d'imprimer,
Pour M. le Recteur en congé
L'Inspecteur de l'Académie, délégué,
L. BORÉ.

www.ingramcontent.com/pod-product-compliance
Lightning Source LLC
Chambersburg PA
CBHW060725050426
42451CB00010B/1638